DECLARATION

DV ROY, PORTANT RE-
glement sur l'ordre qui doit estre
obserué en la Celebration des
Mariages : & contre ceux qui com-
mettent le crime de Rapt.

*Verifiée en Parlement le dix-neufiéme
iour de Decembre 1639.*

A PARIS,

Par A. ESTIENE & P. ROCOLET,
Imprimeurs ordinaires du Roy,
Ruë S. Iacq. au College Royal, deuát S. Benoiſt,

M. DC. XL.

Auec Priuilege de ſa Majeſté.

3

LOVIS par la grace de Dieu Roy de France & de Nauarre, A tous ceux qui ces presentes Lettres verront, Salut. Comme les Mariages sont le seminaire des Estats, la source & l'origine de la societé ciuile, & le fondement des familles, qui composent les Republiques, qui seruent de principe à former leurs polices, & dans lesquelles la naturelle reuerence des enfans enuers leurs parens, est le lien de la legitime obeïssance des subjets enuers leur Souuerain : Aussi les Roys nos predecesseurs ont iugé digne de leur soin, de faire des Loix de leur ordre public, de leur decence exterieure, de leur honnesteté & de leur dignité. A cet effect ils ont voulu que les Mariages fussent publiquement celebrez en face d'Eglise, auec toutes les iustes solemni-

A ij

rez, & les ceremonies qui ont esté prescrites comme essentielles par les Saincts Conciles, & par eux declarées, est non seulement de la necessité du precepte, mais encor de la necessité du Sacrement. Mais outre les peines indictes par les Conciles, aucuns de nosdits predecesseurs ont permis aux peres & aux meres d'exhereder leurs enfans qui contractoient des mariages clandestins sans leur consentement, & de reuoquer toutes & chacunes les donations & aduantages qu'ils leur auoient faits. Mais quoy que cette Ordonnance fust fondée sur le premier commandement de la seconde Table, côtenant l'honneur & la reuerence qui est deuë aux parens, elle n'a pas esté assez forte pour arrester le cours du mal & du desordre qui a troublé le repos de tant de familles, & flestry leur honneur par des alliances inégales, & souuent honteuses & infames. Ce qui depuis a donné suiet à d'autres Ordonnances, qui desirent la proclamation de bans, la presence du propre Curé, & de tesmoins assistans à la benediction nuptiale, auec des peines contre les Curez,

5

Vicaires & autres, qui passeroient outre à la celebration des mariages des enfans de famille, s'ils ne leur apparoissoit des consentemens des peres & meres, tuteurs & curateurs, sur peine d'estre punis comme fauteurs du crime de Rapt, cõme les autheurs & les complices de tels illegitimes mariages. Toutefois, quelque ordre qu'on ait peu apporter iusques à maintenant, pour restablir l'honnesteté publique, & des actes si importans, la licence du siecle, la deprauation des mœurs, ont tousiours preualu sur nos Ordonnances si sainctes & si salutaires, dont mesme la vigueur & l'obseruation a esté souuent relaschée, par la consideration des peres & meres qui remettent leur offense particuliere, bien qu'ils ne puissent remettre celle qui est faite aux loix publiques. C'est pourquoy ne pouuant plus souffrir que nos Ordonnáces soient ainsi violées, ny que la saincteté d'vn si grand Sacrement, qui est le signe mystique de la conjonction de Iesvs-Christ auec son Eglise, soit indignement profané : & voyans d'autre part, à nostre grand regret, & au preiu-

6

dice de noſtre Eſtat, que la pluſpart des
honneſtes familles de noſtre Royaume,
demeurent en trouble par la ſubornation & enleuement de leurs enfans, qui
trouuent eux-meſmes la ruine de leur
fortune dans ces illegitimes conjon-
ctions, Nous auons reſolu d'oppoſer à la
frequence de ces maux, la ſeuerité des
Loix, & de retenir par la terreur de nou-
uelles peines, ceux que la crainte ny la
reuerence des Loix diuines & humaines
ne peuuent arreſter; n'ayans en cela autre deſſein que de ſanctifier le Mariage,
regler les mœurs de nos ſubjets, & em-
peſcher que les crimes de Rapt ne ſer-
uent plus à l'aduenir de moyens & de de-
grez pour paruenir à des mariages ad-
uantageux. A CES CAVSES, apres
auoir mis cette affaire en deliberation
en noſtre Conſeil; DE l'Aduis d'iceluy,
& de noſtre certaine ſcience, plaine puiſſance & authorité Royale, Nous auons
ſtatué & ordonné, ſtatuons & ordonnons ce qui enſuit.

PREMIEREMENT.

Novs voulons que l'article quaren-
te de l'Ordonnance de Blois, touchant

7

les mariages clandeſtins , ſoit exactemēt
gardé : Et interpretant iceluy, Ordonnons que la proclamation des bans ſera
faite par le Curé de chacune des parties
contractantes, auec le conſentement des
peres, meres, tuteurs ou curateurs, s'ils
ſont enfans de famille, ou en la puiſſance
d'autruy : Et qu'à la celebration du mariage, aſſiſteront quatre teſmoins dignes
de foy, outre le Curé qui receura le conſentement des parties, & les conjoindra
en mariage ſuiuant la forme pratiquée
en l'Egliſe. Faiſons tres-expreſſes de-
fenſes à tous Preſtres tant ſeculiers que
reguliers, de celebrer aucun Mariage,
qu'entre leurs vrays & ordinaires Pa-
roiſſiens, ſans la permiſſion par eſcrit des
Curez des parties, ou de l'Eueſque
Dioceſain, nonobſtant les Couſtumes
immemoriales , & priuileges que l'on
pourroit alleguer au contraire : Et ordonnons, qu'il ſera fait vn bon & fidele
regiſtre , tant des mariages que de la pu-
blication des bans , ou des diſpenſes , &
des permiſſions qui auront eſté accor-
dées.

II.

Le contenu en l'Edict de l'an 1556. &
aux articles 41. & 42. 43. & 44. de l'Ordonnance de Blois, sera obserué: Et y ad-
iouſtant, Nous ordonnons que la peine
de Rapt demeure encouruë, nonobſtant
les conſentemens qui pourroient inter-
uenir puis apres de la part des peres, meres, tuteurs & curateurs, dérogeant ex-
preſſément aux Couſtumes qui permet-
tent aux enfans de ſe marier apres l'âge
de vingt ans ſans le conſentement des
peres. Et auons declaré & decla-
rons, les veſues, fils & filles, moindres de
vingt-cinq ans, qui auront contraſté
mariage contre la teneur deſdites Ordonnances, priuez & décheus par leur
ſeul faiſt, enſemble les enfans qui en
naiſtront, & leurs hoirs, indignes & incapables à iamais des ſucceſſiõs de leurs
peres, meres, & ayeuls, & de toutes autres directes & collaterales : Comme
auſſi des droiſts & aduantages qui pourroient leur eſtre acquis par contracts de
mariages & teſtamens, ou par les Couſtumes & Loix de noſtre Royaume, meſ-
me du droiſt de legitime ; & les diſpoſi-
tions

9

tions qui feront faites au preiudice de
cette noftre Ordonnance, foit en faueur
des perfonnes mariées, ou par elles au
profit des enfans nez de ces mariages,
nulles, & de nul effect & valeur. Voulons que les chofes ainfi dõnées, leguées
ou tranfportées, fous quelque pretexte
que ce foit, demeurent en ce cas acqui-
fes irreuocablement à noftre fifque, fans
que nous en puiffions difpofer qu'en faueur des Hofpitaux, ou autres œuures
pies. Enioignons aux fils qui excedent
l'âge de trente ans, & aux filles qui excedent celuy de vingt-cinq, de requerir
par efcrit l'aduis & confeil de leurs peres
& meres pour fe marier, fous peine d'e-
ftre exheredez par eux fuiuant l'Edict
de l'an 1556.

III.

Declarons conformément aux fainêts
decrets & conftitutions canoniques, les
mariages faits auec ceux qui ont rauy &
enleué des vefues, fils & filles de quelque âge & condition qu'ils foient, non
valablement contractez : fans que par le
temps, ny par le confentement des perfonnes rauies, & de leurs peres, meres,

B

tuteurs & curateurs , ils puiſſent eſtre
confirmez , tandis que la perſonne rauie
eſt en la poſſeſſion du rauiſſeur. Et neác
moins en cas que ſous pretexte de maio
rité , elle donne vn nouueau conſentement apres eſtre miſe en liberté , pour ſe
marier auec le rauiſſeur , nous la declarons , enſemble les enfans qui naiſtront
d'vn tel mariage , indignes & incapables
de legitime , & de toutes ſucceſſions directes & collaterales qui leur pourroiét
eſcheoir , ſous quelque titre que ce ſoit,
conformément à ce que nous ordonnons contre les perſonnes rauies par
ſubornation : Et les parens qui auront
aſſiſté , donné conſeil , & fauoriſé leſdits
mariages , & leurs hoirs , incapables de
ſucceder directement ou indirectement
auſdites vefues , fils & filles. Enioignons
tres-expreſſément à nos Procureurs Generaux & à leurs Subſtituts, de faire toutes les pourſuites neceſſaires contre les
Rauiſſeurs & leurs cóplices, nonobſtant
qu'il n'y euſt plainte de partie ciuile, & à
nos Iuges de punir les coulpables de peine de mort, & confiſcation de biens , ſur
iceux prealablemét priſesles reparations

II

qui seront ordonnées, sans que cette peine puisse estre moderée: Faisans defenses à tous nos Subjets de quelque qualité & condition qu'ils soient, de donner faueur ny retraite aux coulpables, ny de retenir les personnes enleuées, à peine d'estre punis comme complices, & de répondre solidairement & leurs heritiers, des reparations adiugées, & d'estre priuez de leurs Offices & Gouuernemens, s'ils en ont, dont ils encourront la priuation par le seul acte de la contrauention à cette defense.

IV.

Et afin qu'vn chacun reconnoisse combien nous detestons toutes sortes de Rapt, Nous defendons tres expressémét aux Princes & Seigneurs, de nous faire instance pour accorder des Lettres afin de rehabiliter ceux que nous auons declarez incapables des successions; à nos Secretaires d'Estat de les signer; & à nostre tres-cher & feal Chancelier de les seeller, & à tous Iuges d'y auoir aucun esgard, en cas que par importunité ou autrement, on en eust impetré aucunes

de nous ; Voulans que nonobstant telles
derogations ou dispenses, les peines con-
tenües en nos Ordonnances soient executées.

V.

Desirant pouruoir à l'abus qui com-
mēce à s'introduire dans noftre Royaume, par ceux qui tiennent leurs mariages
secrets & cachez pendant leur vie, contre le respect qui est deu à vn si grand
Sacrement, Nous ordonnons que les
majeurs contractent leurs mariages publiquement, & en face d'Eglise, auec
les solemnitez prescrites par l'Ordōnan-
ce de Blois ; & declarons les enfans qui
naistront de ces mariages, que les parties ont tenus iusques icy, ou tiendront à
l'aduenir cachez pendant leur vie , qui
ressentent pluftost la honte d'vn concu-
binage , que la dignité d'vn mariage , incapables de toutes successions, aussi bien
que leur posterité.

VI.

Nous voulons que la mesme peine ait
lieu, contre les enfans qui sont nez des
femmes que les peres ont entretenuës,

13

& qu'ils espousent lors qu'ils sont à l'ex-
tremité de la vie : comme aussi contre
les enfans procreez par ceux qui se ma-
rient apres auoir esté côdamnez à mort,
mesme par les Sentences de nos Iuges
renduës par defaut, si auant leur deceds
ils n'ont esté remis au premier estat, sui-
uant les voyes prescrites par nos Ordonnances.

VII.

Defendôs à tous Iuges, mesme à ceux
d'Eglise, de receuoir la preuue par tesmoins des promesses de mariage, aya-
trement que par escrit, qui soit arresté
en presence de quatre proches parens
de l'vne & l'autre des parties, encores
qu'elles soient de basse condition.

SI DONNONS EN MANDEMENT
à nos amez & feaux Conseillers les gens
tenans nostre Cour de Parlement de
Paris, Baillifs, Seneschaux, Iuges, ou
leurs Lieutenans, & à tous autres nos Iu-
sticiers & Officiers qu'il appartiendra,
Que ces presentes ils facent lire, publier,
registrer, executer, garder & obseruer

selon leur forme & teneur. Enjoignon
à nos Procureurs Generaux, leurs Subſtituts preſens & à venir, d'y tenir la
main, & faire toutes les diligences re-
quiſes & neceſſaires pour ladite execu-
tion : CAR tel eſt noſtre plaiſir. En
teſmoin dequoy nous auons fait mettre
noſtre ſeel à ces preſentes. DONNE' à
Sainct Germain en Laye le vingt-ſixié-
me iour de Nouembre, l'an de grace mil
ſix cens trente-neuf, & de noſtre regne
le trentiéme. Signé, LOVIS. Et plus
bas, Par le Roy, DE LOMENIE. Et
ſcellée du grand ſeau de cire jaune. Et
encor eſt eſcrit :

*Leuës, publiées & regiſtrées, ouy
& ce requerant le Procureur General
du Roy, pour eſtre executées, gardées
& obſeruées ſelon leur forme & teneur; & copies collationnées d'icelles en-
uoyées aux Bailliages & Seneſchauſ-
ſées, pour y eſtre pareillement leuës, publiées, regiſtrées & executées à la dili-*

15

gence des Subſtituts du Procureur General, qui en certifieront la Cour auoir ce
fait au mois. A Paris en Parlement le
dix-neufiéme iour de Decembre mil
ſix cens trente-neuf.

Signé, DV TILLET.